스스로 공부하는 두뇌 만들기 17가지 전략

아동, 청소년을 위한 두뇌유형별 맞춤형 자기주도학습코칭 워크북

JN413029

저자 **신재한 이은정**

gb 지오북스

아동, 청소년을 위한
두뇌유형별 맞춤형
자기주도학습코칭 워크북

초판인쇄 2022년 9월 1일
초판발행 2022년 9월 1일

저 자 신재한 이은정
펴 낸 곳 지오북스
물 류 경기도 파주시 상골길 339 (맥금동 557-24) 고려출판물류 內 지오북스
등 록 2016년 3월 7일 제395-2016-000014호
전 화 02)381-0706 | **팩스** 02)371-0706
이 메 일 emotion-books@naver.com
홈페이지 www.geobooks.co.kr
정 가 9,000원
ISBN 979-11-91346-45-9

목차

1부 ● 동기 유발 / **1**

1장. 나의 학습 두뇌 유형은 무엇일까? ···················· 3
- 전략 1: 학습 두뇌 유형 탐색하기

2장. 나를 찾아 떠나는 여행 ································ 8
- 전략 2: 자아 찾기
- 전략 3: Best Self 찾기

3장. 학습 등대에 불을 밝히자 ························· 17
- 전략 4: 삶의 목표 설정하기
- 전략 5: 공부하는 이유 찾기

2부 ● 정서 조절 / **29**

1장. 학습 정서를 조절하는 방법은 무엇일까? ················ 31
- 전략 6 : 명상하기

2장. 학습 정서를 긍정적으로 관리하자! ······················ 37
- 전략 7 : 감사하기

3부 ● 인지 전략 / **44**

1장. 나만의 학습 나침반을 찾자 ·································· 46
- 전략 8 : 맞춤형 두뇌 공부 방법 찾기

2장. 자기주도학습의 세 바퀴를 끼우자! ··················· 53
- 전략 9 : 기억력 향상하기
- 전략 10 : 집중력 향상하기
- 전략 11 : 메타인지 향상하기

4부 ● 환경 관리 / **73**

1장. 나만의 학습 스케줄을 설계하자! ····················· 75
- 전략 12 : 자기주도학습계획 세우기

2장. 두뇌 친화적 환경을 구축하자! ························ 80
- 전략 13 : 뇌기반 자기주도학습환경 만들기

5부 ● 행동 실천 / **83**

1장. 학습을 되새김 하자! ·································· 84
- 전략 14 : 학습 내용 복습하기
- 전략 15 : 시간 관리하기

2장. 학습 행동을 실천하자! ································ 91
- 전략 16 : 학습 비전 선포하기
- 전략 17 : 자기주도학습 플래너 실천하기

1부
동기 유발

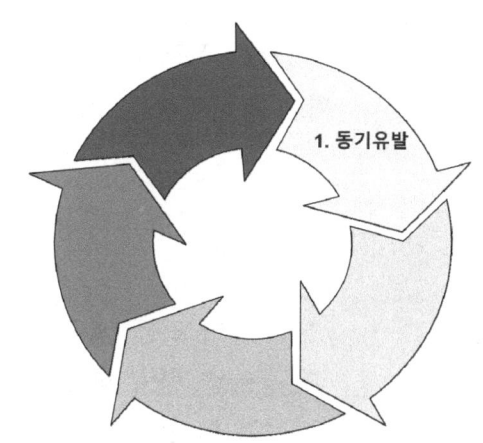

1. 동기유발

1장	나의 학습 두뇌 유형은 무엇일까?
	- 전략1 : 학습 두뇌 유형 탐색하기
2장	**나를 찾아 떠나는 여행**
	- 전략2 : 자아 찾기
	- 전략3 : Best Self 찾기
3장	**학습 등대에 불을 밝히자**
	- 전략4 : 삶의 목표 설정하기
	- 전략5: 공부하는 이유 찾기

동기 유발

전략1

학습 두뇌 유형 탐색하기

🔹 나의 학습 두뇌 유형은 무엇일까?

뇌기반 자기주도학습의 방향을 정해주기 위해 학습 두뇌유형 검사를 이용하여 자신의 학습 두뇌유형을 찾을 수 있다.

전략2

자아 찾기

전략3

Best Self 찾기

🔹 나를 찾아 떠나는 여행

'리멤버카드'를 활용한 자아 찾기 활동과 'Best Self' 찾기 활동을 하면서 자신에 대해서 생각해보는 시간을 가진 후에, 자신이 누구인지 이해할 수 있다.

두뇌 유형별

전략4

삶의 목표 설정하기

전략5

공부하는 이유 찾기

🔹 학습 등대에 불을 밝히자!

삶의 목표와 공부 목적을 명확하고 체계적으로 세우고 성취를 위한 계획을 두뇌유형별로 수립하는 활동을 통해 학업성취 향상에 도움이 될 것이다.

나의 학습 두뇌 유형은 무엇일까?
- 학습 두뇌 유형 탐색하기 -

◉ **활동 목표**

■ 자신의 두뇌 유형을 찾고, 두뇌 유형에 대해 이해할 수 있다.

◉ **준비물**

■ 두뇌 유형 검사지, 필기도구

◉ **활동 내용**

① 두뇌 유형별 특징을 설명해 주고, 두뇌 유형 검사를 진행한다.

② 논리주도형(A형)이 9문항, 사고구조형(B형)이 9문항, 창의직관형(C형)이 9문항, 감정활동형(D형)이 9문항으로 4개 영역별 총 36개의 문항을 검사한다. 문항은 5단계 리커트 척도로 되어 있다.

③ 전체 문항을 읽고 자신과 가장 가깝다고 생각하는 곳에 체크한 후 각 문항별 평균점수가 가장 높은 유형이 자신의 두뇌 유형으로 판단한다.

④ 두뇌 유형별 평균 점수의 차이가 거의 없거나 동점이 나온 경우에는 다시 한번 검사하고 그래도 동점이 나온 경우에는 친구들과 교사의 의견을 참고하여 두뇌 유형을 판별한다.

⑤ 원하는 사람은 자신의 두뇌 유형 검사 결과를 자신의 특징과 비교하여 발표하고 친구들의 의견도 들어본다.

◎ 두뇌 유형 검사 문항 ◎

학번: (   ) 이름: (   )

* 이 설문지는 여러분의 두뇌유형을 알아보고자 하는 검사입니다. 질문내용에는 정답이 따로 있는 것이 아니기에 문제를 잘 읽고 끝까지 솔직하고 성실하게 자신의 생각에 가장 가까운 곳에 √표시를 하여 주시기 바랍니다.

두뇌유형	번호	문항 내용	척 도				
			전혀 그렇지 않다 (1)	그렇지않다 (2)	보통이다 (3)	그렇다 (4)	매우 그렇다 (5)
논리주도형 (A형)	1	나는 수리적 계산력이 아주 빠르다.	①	②	③	④	⑤
	2	나는 남들이 나의 논리를 비판하면 즉각 반론을 편다.	①	②	③	④	⑤
	3	나는 다른 사람의 말 중 비논리적인 부분에 대하여 민감하게 반응한다.	①	②	③	④	⑤
	4	나는 정보나 자료가 어떻게 논리적으로 연결되어 있는지를 쉽게 알아낸다.	①	②	③	④	⑤
	5	나는 다른 사람의 말에 귀를 기울이고 나 자신에게 반복함으로써 정보를 잘 기억한다.	①	②	③	④	⑤
	6	내가 가장 좋아하는 수업방식은 짧은 강의, 토론, 창의적 글쓰기 등이다.	①	②	③	④	⑤
	7	나는 주의 깊게 피드백을 요구함으로써 정보를 잘 잘 기억한다.	①	②	③	④	⑤
	8	나는 문제를 내 방식대로 해결하는 것을 좋아한다.	①	②	③	④	⑤
	9	나는 모둠학습보다 개별학습을 더 선호한다.	①	②	③	④	⑤

사고구조형(B형)	1	나는 변화가 많은 것보다는 안정적인 것을 더 좋아한다.	①	②	③	④	⑤
	2	나는 내가 하던 생활 방식을 잘 바꾸지 않는다.	①	②	③	④	⑤
	3	나는 일을 같이하게 될 때면 친구들에게 자세하게 지시하는 편이다.	①	②	③	④	⑤
	4	나는 주의 깊게 계획을 세워 일을 처리한다.	①	②	③	④	⑤
	5	나는 일정에 따라 순서대로 일을 끝내는 것에 익숙하다.	①	②	③	④	⑤
	6	나는 수업 내용을 구조화하고 정리를 잘 한다.	①	②	③	④	⑤
	7	나는 약속 장소를 정할 때 사전에 미리 가보고 어떻게 가는 것이 좋을지 알아본다.	①	②	③	④	⑤
	8	나는 교과서나 문제집 내용을 꼼꼼하게 본다.	①	②	③	④	⑤
	9	나는 다른 사람들과 의견이 다를 때 의견 일치를 위해 노력한다.	①	②	③	④	⑤
창의직관형(C형)	1	나는 무엇이든지 시각적으로 잘 꾸미는 능력이 있다.	①	②	③	④	⑤
	2	나는 남들이 도저히 생각하지 못하는 기발하거나 참신한 생각을 해내는 경우가 자주 있다.	①	②	③	④	⑤
	3	나는 사물이나 사람을 보면 직관적으로 무엇을 닮았구나 하는 생각이 떠오른다.	①	②	③	④	⑤
	4	나는 시각자료, 모형, 영상, 집단 과제 등을 사용하는 수업 방식을 선호하는 편이다.	①	②	③	④	⑤
	5	나는 정보를 직접 눈으로 봄으로써 잘 기억한다.	①	②	③	④	⑤

	6	나는 가보지 못한 약속 장소에 가야 할 때 명확한 약도나 지도가 필요하다.	①	②	③	④	⑤
	7	나는 숨겨진 관련성 찾아내기를 잘 한다.	①	②	③	④	⑤
	8	사람들은 나를 독특한 사람으로 평가한다.	①	②	③	④	⑤
	9	나는 감정적인 사람과 어울리는 것은 힘든 편이다.	①	②	③	④	⑤
감정활동형(D형)	1	나는 정이 많다는 소리를 종종 듣는다.	①	②	③	④	⑤
	2	나는 서먹서먹한 상황 하에서도 내가 먼저 인사한다.	①	②	③	④	⑤
	3	나는 다른 사람들의 부탁과 고민을 잘 들어준다.	①	②	③	④	⑤
	4	나는 음악을 듣는 것을 매우 좋아한다.	①	②	③	④	⑤
	5	나는 다른 사람이 나의 기분과 욕구에 맞춰 줄 때 행복한 편이다.	①	②	③	④	⑤
	6	나는 활동적인 수업을 좋아한다.	①	②	③	④	⑤
	7	나의 장점은 열정적인 것이다.	①	②	③	④	⑤
	8	나는 공부를 할 때 친구들과 함께 하는 것이 즐겁다.	①	②	③	④	⑤
	9	나는 평소 사람들을 잘 돕는 편이다.	①	②	③	④	⑤

* 두뇌유형 판별 방법- 각 유형별 점수를 더하여 가장 높은 점수가 나온 유형이 자신의 두뇌유형이라고 생각하면 됩니다.

● 두뇌 유형 검사 결과

나의
두뇌유형은?
(   )형

A형(논리주도형) - (   )점

B형(사고구조형) - (   )점

C형(창의직관형) - (   )점

D형(감정활동형) - (   )점

● 두뇌 유형별 특징

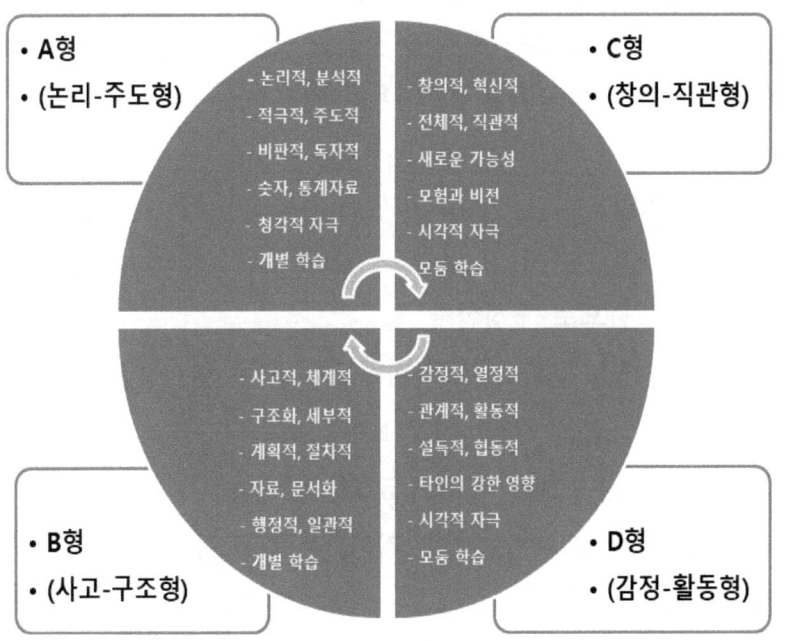

• A형
• (논리-주도형)

- 논리적, 분석적
- 적극적, 주도적
- 비판적, 독자적
- 숫자, 통계자료
- 청각적 자극
- 개별 학습

• C형
• (창의-직관형)

- 창의적, 혁신적
- 전체적, 직관적
- 새로운 가능성
- 모험과 비전
- 시각적 자극
- 모둠 학습

- 사고적, 체계적
- 구조화, 세부적
- 계획적, 절차적
- 자료, 문서화
- 행정적, 일관적
- 개별 학습

- 감정적, 열정적
- 관계적, 활동적
- 설득적, 협동적
- 타인의 강한 영향
- 시각적 자극
- 모둠 학습

• B형
• (사고-구조형)

• D형
• (감정-활동형)

나를 찾아 떠나는 여행
- 자아 찾기 -

● 활동 목표
- 리멤버 카드를 통해 무의식 속 자아의 모습을 찾을 수 있다.

● 준비물
- 리멤버 카드, 필기도구

● 활동 내용
자아찾기란 자신에 대해서 정확히 아는 것이다. '나는 누구인가', '어떤 사람으로 기억되고 싶은가', '어떤 사람으로 살고 싶은가'에 대해 의문을 가지고 대답을 찾는 과정이다. 리멤버 카드는 에드거 샤인 박사가 잠재의식에 근거하여 만든 자아찾기를 도와주는 카드이다.

▪ 리멤버카드 활용법

① 4~5명씩 한 모둠으로 구성한다.
② 리멤버카드 56개를 그림이 위로 향하도록 모두 펼쳐놓는다.
③ 자신이 기억되고 싶은 리멤버카드 8개를 뽑는다.
④ 리멤버카드 8개 중 3개를 버리고 5개를 남긴다.
⑤ 분야별(기술, 봉사, 리더쉽, 창의, 지혜, 안정, 도전, 균형) 결과도   비교해 본다.
⑥ 나만의 리멤버카드 결과지를 만들어본다.
⑦ 잘 보이는 곳에 걸어놓는다.

● 리멤버카드 결과

학번:(   ) 이름:(   )

나는 어떤 사람으로 기억되고 싶은가?

나는 (   )

나는 (   )

나는 (   )

나는 (   )

나는 (   )

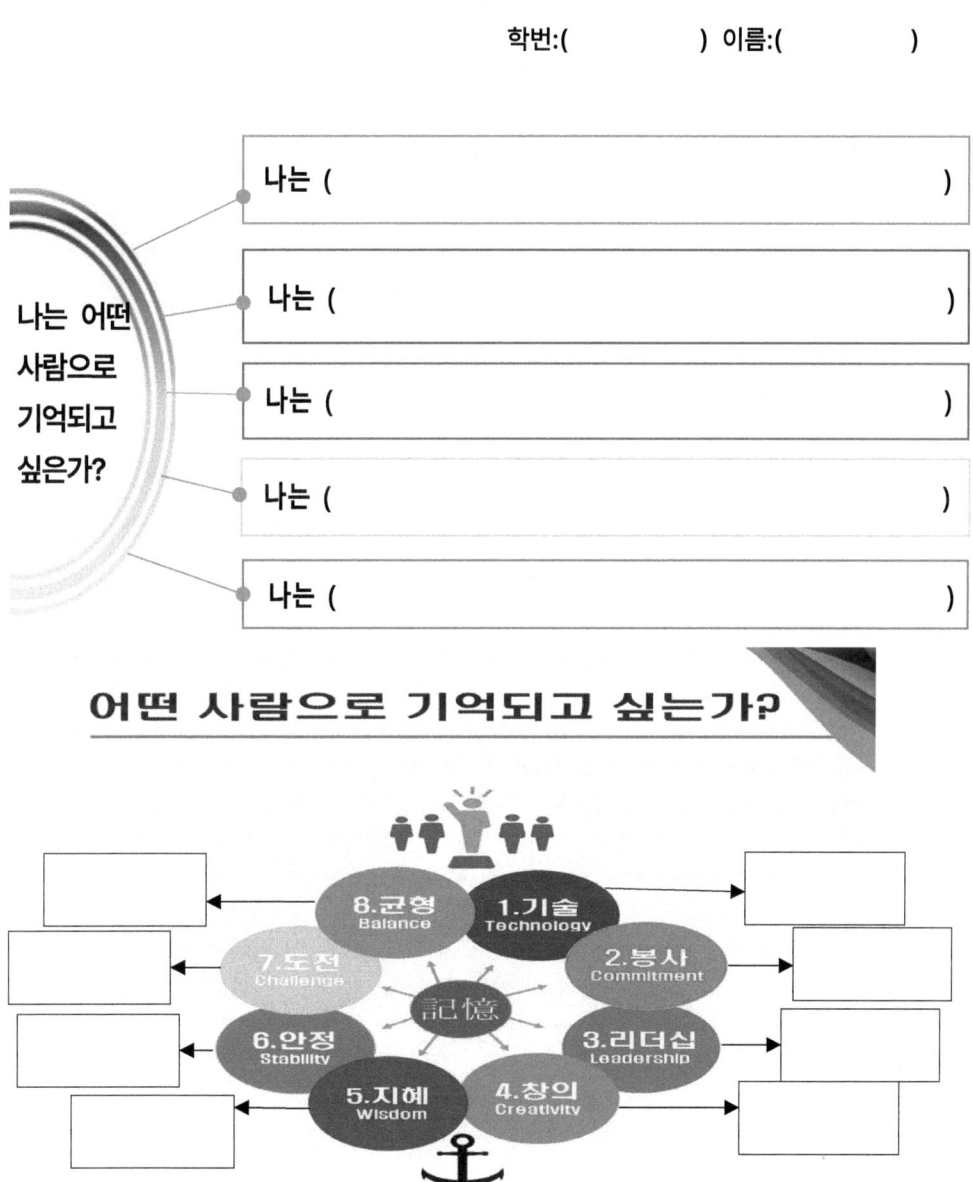

어떤 사람으로 기억되고 싶는가?

8.균형 Balance
1.기술 Technology
7.도전 Challenge
記憶
2.봉사 Commitment
6.안정 Stability
3.리더십 Leadership
5.지혜 Wisdom
4.창의 Creativity

* 영역별로 나온 카드의 개수 표시

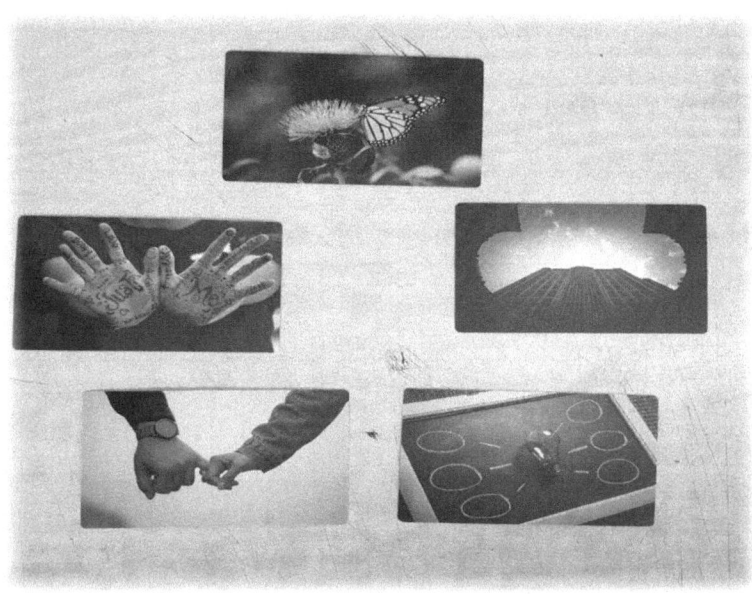

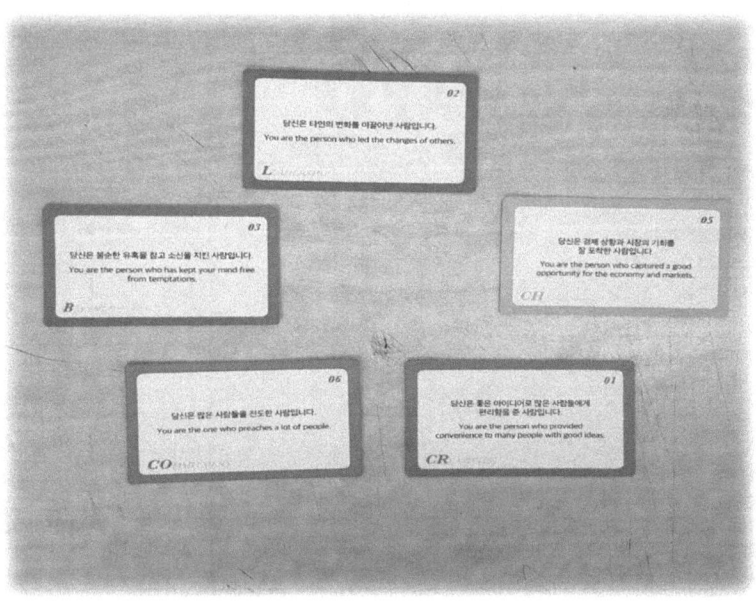

나는 찾아 떠나는 여행
- Best Self 찾기 -

🔵 **활동 목표**

- 자신의 모습 중 Best Self 모습을 찾을 수 있다.

🔵 **준비물**

- Best Self, 필기도구

🔵 **활동 내용**

Best Self 찾기 활동은 마이크 베이어(라이프 코치)가 제안한 것으로, 긍정적으로 생각되는 특성 중 자신의 특성에 해당되는 최고의 자아를 찾아가는 활동이다.

- Best Self 활용법

① 긍정적으로 생각되는 특성 중 자신의 특성에 해당되는 것을 모두 선택한다.
② 선택한 특성 중 자신의 특성에 해당되는 특성 10가지를 선택한다.
③ 선택한 특성 중 자신의 특성에 가장 가까운 특성 3가지를 이용하여 자신의 Best Self를 정의한다,
④ 잘 보이는 곳에 걸어놓는다.

Best Self 찾기

이름 : (   )

* 자신에게 해당되는 성격 특성을 찾아 보세요.
* 출처: Best Self, 마이크 베이어

유능하다	매력적이다	절제한다	기능적이다
풍부하다	쾌활하다	신중하다	맵시 있다
세련되다	명랑하다	통제된다	너그럽다
성취한다	깨끗하다	순종적이다	점잖다
능동적이다	냉철하다	논증적이다	진실하다
능숙하다	애국적이다	역동적이다	온화하다
감탄스럽다	다채롭다	열광한다	관대하다
평화적이다	편안하다	효율적이다	자애롭다
풍족하다	도움을 준다	우아하다	눈부시다
상냥하다	동정적이다	유창하다	단아하다
기민하다	완전하다	단호하다	감사할 줄 안다
경건하다	융화적이다	정열적이다	합리적이다
싹싹하다	확신한다	열정적이다	근면하다
나긋나긋하다	건설적이다	윤리적이다	행복하다
위대하다	만족스러워한다	사색적이다	건강하다
명확하다	관습적이다	전문적이다	따뜻하다
매혹적이다	시원하다	자율적이다	용감하다
우호적이다	협력적이다	공정하다	유용하다
느긋하다	사려깊다	충실하다	정직하다
배려할 줄 안다	성찰한다	두려움이 없다	지조 있다
자주적이다	대담하다	확고하다	겸손하다
유익하다	공손하다	융통성 있다	친절하다

다복하다	다정하다	자유롭다	인간적이다
똑똑하다	창의적이다	관용적이다	유머러스하다
어질다	대범하다	친화적이다	이상주의자이다
균형적이다	예의바르다	현실적이다	상상력이 풍부하다
차분하다	결단성 있다	솔직담백하다	청렴하다
개방적이다	헌신적이다	재미있다	독립적이다
고혹적이다	깊이 있다	생산적이다	혁신적이다
세심하다	품위 있다	충만하다	악의가 없다
직관력 있다	통찰력 있다	책임감 있다	귀엽다
기발하다	의젓하다	정중하다	동조적이다
영감이 있다	설득력 있다	겸허하다	학생답다
현명하다	활달하다	낭만적이다	온유하다
영리하다	인자하다	슬기롭다	철저하다
독창적이다	분별 있다	건전하다	조심스럽다
온순하다	빛난다	흡족하다	친절하다
깔끔하다	긍정적이다	학구적이다	예리하다
학문적이다	강인하다	확실하다	열성적이다
믿을만하다	실리적이다	이타적이다	신뢰할 수 있다
진보적이다	정확하다	자긍심 높다	얌전하다
의욕적이다	인기 있다	지각 있다	이해심 있다
논리적이다	원칙적이다	민감하다	도덕적이다
사랑스럽다	이성적이다	단정하다	낙관적이다
성실하다	정정당당하다	진지하다	도시적이다
자발적이다	알뜰하다	솜씨가 좋다	정적이다
아량이 넓다	꼼꼼하다	말쑥하다	객관적이다
성숙하다	가치 있다	냉정하다	목적의식이 있다
체계적이다	비밀을 지킨다	사교적이다	모험적이다
용의주도하다	창조적이다	정교하다	인내심 있다

나와 가장 가깝다고 생각하는
특성 10가지

▶ 나는 (   )다.
▶ 나는 (   )다.
▶ 나는 (   )다.
▶ 나는 (   )다.
▶ 나는 (   )다.
▶ 나는 (   )다.
▶ 나는 (   )다.
▶ 나는 (   )다.
▶ 나는 (   )다.
▶ 나는 (   )다.

나의 Best Self

▶ 나는 (   )고
▶ 나는 (   )며
▶ 나는 (   )다.

■ Best Self 찾기 사례 ■

* 자신에게 해당되는 특성 중 **자신과 가장 가깝다고 생각하는 특성 10가지**를 순서대로 적어보세요. 2411 김채연

1. 나는 (매력적이다)
2. 나는 (조심스럽다)
3. 나는 (열정적이다)
4. 나는 (친절하다)
5. 나는 (확고하다)
6. 나는 (신뢰할 수 있다)
7. 나는 (예의바르다)
8. 나는 (쓸모 있다)
9. 나는 (싹싹하다)
10. 나는 (자발적이다)

* 위의 10가지 특성 중 **자신과 가장 가깝다고 생각하는 특성 3가지**를 이용하여 **최고 자아(Best Self)**를 정의해 보세요.

~ 나는 (싹싹하)고 (매력적이)며 (신뢰할 수 있)다.

* 자신에게 해당되는 특성 중 **자신과 가장 가깝다고 생각하는 특성 10가지**를 순서대로 적어보세요.

1. 나는 (나긋나긋하다)
2. 나는 (사교적이다)
3. 나는 (다정하다)
4. 나는 (엉뚱하다)
5. 나는 (상냥하다)
6. 나는 (친절하다)
7. 나는 (진실하다)
8. 나는 (꾸준하다)
9. 나는 (온순하다)
10. 나는 (귀엽다)

* 위의 10가지 특성 중 **자신과 가장 가깝다고 생각하는 특성 3가지**를 이용하여 **최고 자아(Best Self)**를 정의해 보세요.

~ 나는 (사교적이)고 (꾸준하)며 (귀엽)다.

- 2 -

● <u>자아 찾기를 위한 코칭 질문</u>

1. 나는 무엇을 하면 즐거운가?
   나는 무엇을 좋아하는가?
   나는 무엇을 잘하는가?

   _____

   _____

2. 나는 어떤 사람으로 살고 싶은가?
   나는 어떤 사람으로 기억되고 싶은가?

   _____

   _____

   _____

3. 나의 미래의 모습은 어떨까?
   미래의 모습(10년 후, 20년 후, 30년 후...)을 구체적으로
   상상해 보자.

   _____

   _____

   _____

   _____

학습 등대에 불을 밝히자
- 삶의 목표 설정하기 -

◉ **활동 목표**

- 두뇌유형별 삶의 목적, 공부 목표를 세울 수 있다.

◉ **준비물**

- 동영상 자료, 음악자료, ppt 자료, 활동지, 도화지, 그리기도구

◉ **활동 내용**

① 두뇌유형별 목표설정 방법을 안내하고 두뇌유형별 자신에게 맞는 목표 설정 방법을 탐색한다.

② 논리주도형은 자기사명서, 자기헌법, PDP 작성 방법을 설명하고 각각의 예시 자료를 제시한다. 논리주도형의 자기사명서는 자신의 삶과 공부에 대한 자신만의 사명을 글로 나타내고, 자기헌법은 헌법의 형식처럼 자신의 사명을 나타낸다. 그리고 PDP(Personal Development Plan)는 사명선언서와 인생 비전, 10년 후의 목표와 목표를 이루기 위한 주요 실천사항과 보완사항을 적는다.

③ 사고구조형은 드림리스트, 드림맵 작성 방법을 설명하고 각각의 예시 자료를 제시한다. 사고구조형의 드림리스트는 꿈과 목표를 리스트 형태로 나타내는 것이고, 드림맵은 마인드맵의 형태로 표현한다.

④ 창의직관형은 비전보드, Hope Tree 작성 방법을 설명하고 각각의 예시 자료를 제시한다. 창의직관형의 비전보드는 사진과 설명을, Hope Tree는 나무 형태로 표현한다.

⑤ 감정활동형은 드림무비, 장소 VD 등을 설명하고 각각의 예시 자료를 제시

한다. 감정활동형의 드림무비는 동영상 제작 프로그램인 Movavi, 알씨, 곰믹스 등을 이용하여 동영상으로 제작하고, 장소 VD 자신이 가고 싶은 대학이나 여행지, 회사 등을 직접 방문하여 인증 샷 등으로 표현하거나 검색한 장소의 사진으로 표현한다.

⑥ 목표 설정 문서화하기가 완성되면 친구들 앞에서 선언하고 생활 속의 여러 장소에 게시한 다음 주기적으로 실천 의지를 다질 수 있도록 피드백 한다.

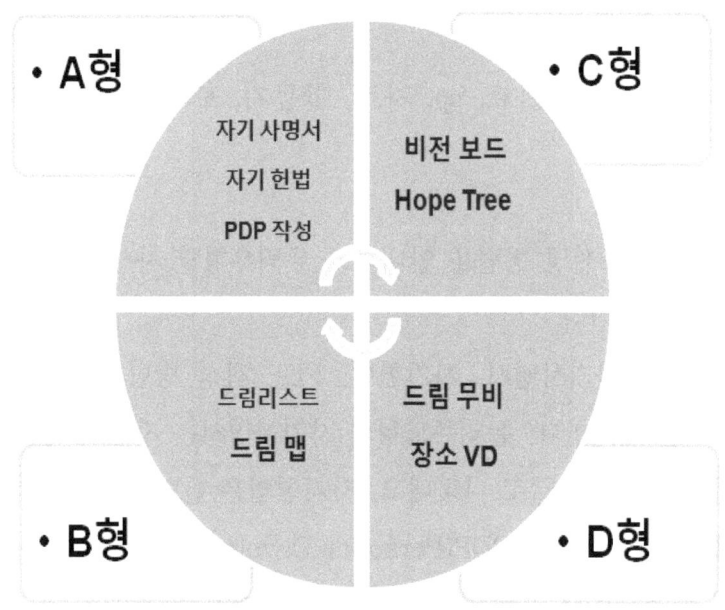

<두뇌유형별 목표설정 방법>

활동 개요

PDP(Personal Development Plan)는 사명선언서와 인생 비전, 10년 후의 목표와 목표를 이루기 위한 주요 실천사항과 보완사항을 적는다.

Name:

Date :

사명 선언서 (Mission Statement)	인생 Vision	주요 실천사항
		*1년 목표 실천사항
	1년 Goals	
		*10년 목표 실천사항
	10년 후 Goals – Wish List	
		주요 보완 사항- 전문성 보완

목표 설정
– 자기사명서

활동 개요

A형의 자기사명서는 자신의 삶과 공부에 대한 자신만의 사명을 글로 헌법의 형식처럼 자신의 사명을 나타낸다.

(   )의 자기사명서

제1조 나는 (   ).

　제 1항

　제 2항

　제 3항

제2조 나는 (   ).

　제 1항

　제 2항

　제 3항

제3조 나는 (   ).

　제 1항

　제 2항

　제 3항

제4조 나는 (   ).

　제 1항

　제 2항

　제 3항

목표 설정
– 드림리스트

활동 개요

B형의 드림리스트는 꿈과 목표를 버킷리스트의 형태로 표현한다.

(   )의 드림리스트

1. (   ).

2. (   ).

3. (   ).

4. (   ).

5. (   ).

6. (   ).

7. (   ).

8. (   ).

9. (   ).

10.(   ).

목표 설정
– 드림맵

활동 개요
B형의 드림맵은 꿈과 목표를 마인드맵의 형태로 표현한다.

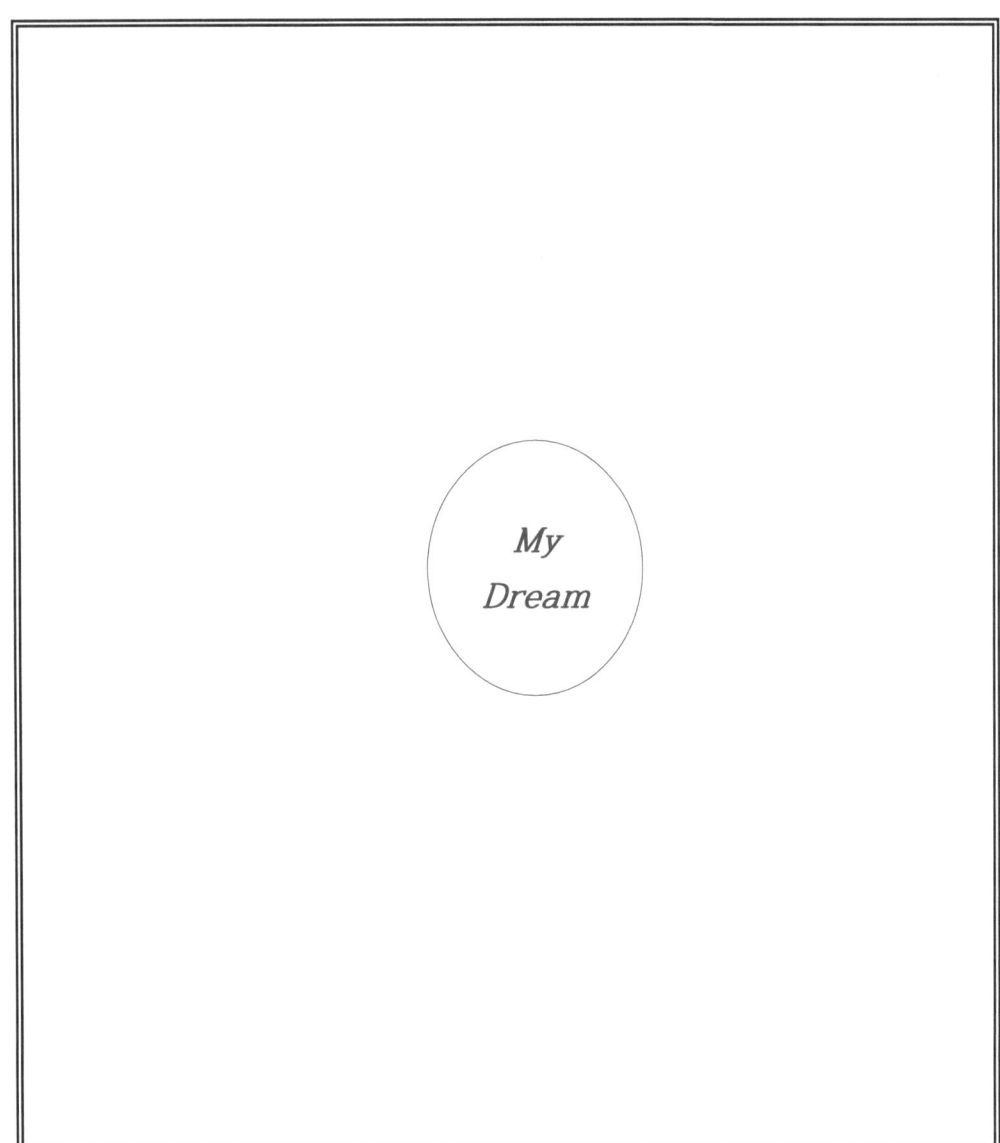

<창의직관형>
C형

목표 설정
– 비전보드

활동 개요

C형의 비전보드는 꿈과 목표를 사진과 설명으로 표현한다.

C형 · Vision Board

TARGET	( )년	5년 후	10년 후	30년 후

목표 설정
– Hope Tree

활동 개요

C형의 Hope Tree는 꿈과 목표를 나무 형태로 표현한다.

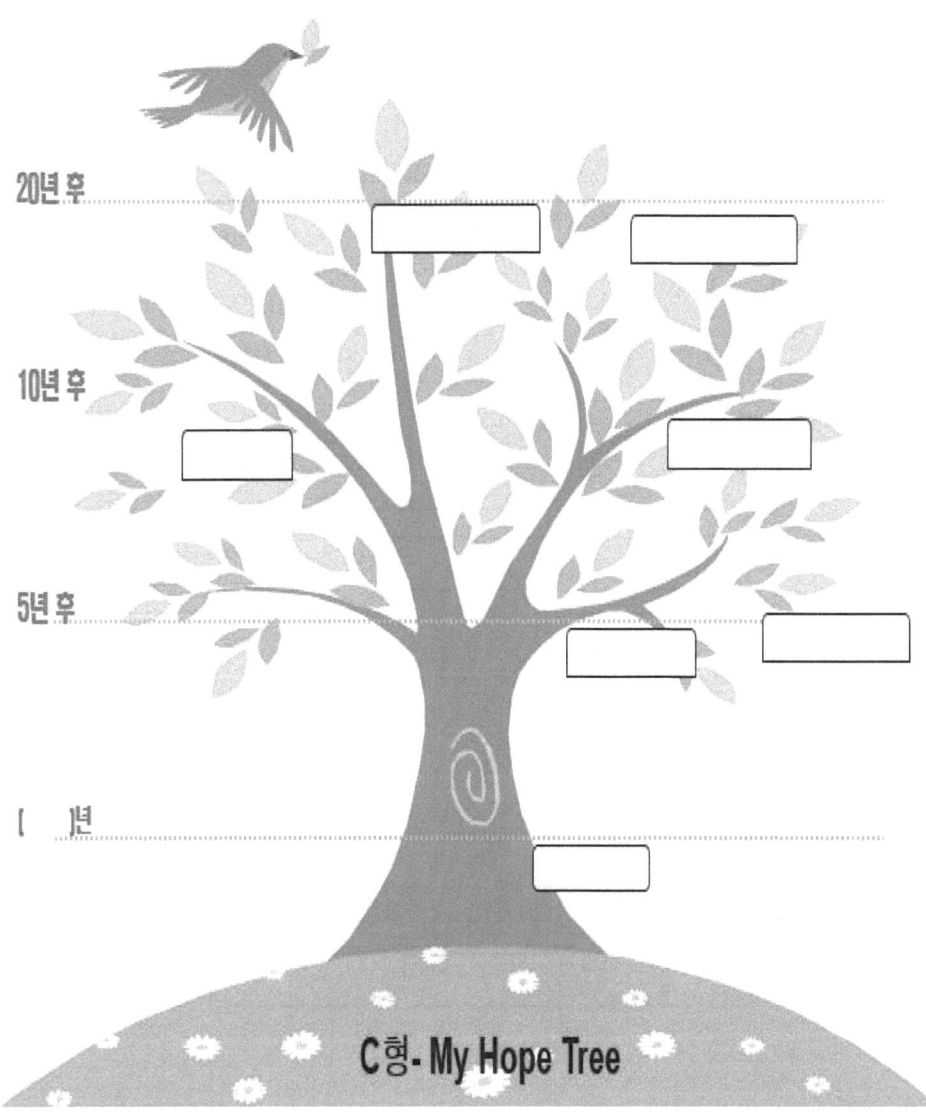

20년 후

10년 후

5년 후

[   ]년

C형- My Hope Tree

목표 설정
– 드림무비

활동 개요

드림무비는 동영상 제작 프로그램을 이용하여 꿈과 목표를
동영상으로 제작한다.

목표 설정
– 장소 VD

활동 개요

장소 VD는 자신이 가고 싶은 대학이나 여행지, 회사 등을 직접
방문하여 인증샷 등으로 표현한다.

가고 싶은 대학, 회사 인증샷

두뇌유형별 목표설정 사례

논리주도형 -PDP	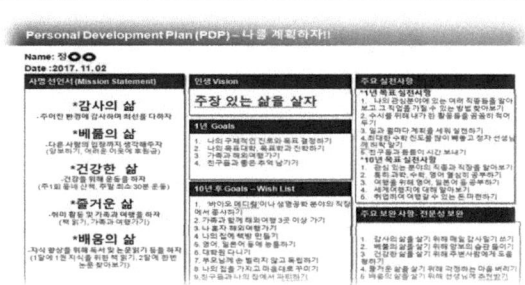
사고구조형 -버킷리스트 -드림보드	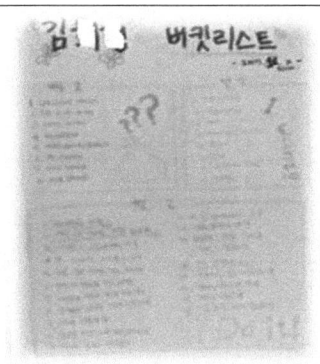
창의직관형 -비전보드 -호프트리	
감정활동형 -장소VD	

● <u>목표 설정을 위한 코칭 질문</u>

1. 나는 무엇을 하고 싶은가?

_____

_____

2. 나는 미래에 무엇을 이루고 싶은가?

_____

_____

_____

3. 삶(공부)의 목표를 이루기 위해서 무엇을 어떻게 하면 될까?
   지금 당장 실천할 수 있는 방법은 무엇일까?

_____

_____

_____

_____

2부

정서 조절

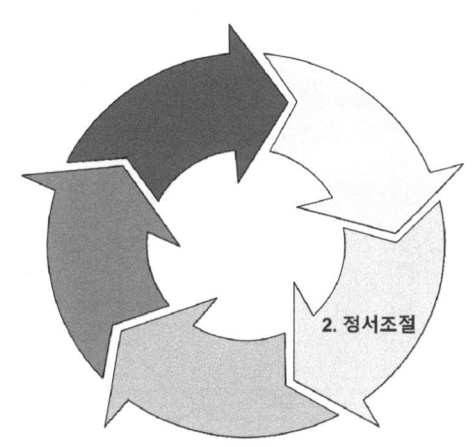

2. 정서조절

1장	**학습 정서를 조절하는 방법은 무엇일까?** 　- 전략 6 : 명상하기
2장	**학습 정서를 긍정적으로 관리하자!** 　- 전략 7 : 감사하기

정서 조절

전략 6

두뇌
유형별

명상하기

▦ 학습 정서를 조절하는 방법은 무엇일까?

정서가 학습에 중요한 이유는 답이 없는 문제, 어려운 과제 앞에서도 포기하지 않고 끝까지 해결해내는 정서 조절 능력이 학습에 큰 영향을 주기 때문이다. 명상을 통해 나와 타인의 감정 상태 뿐만 아니라 학습에 많은 영향을 주는 정서를 조절할 수 있다.

전략 7

두뇌
유형별

감사하기

▦ 학습 정서를 긍정적으로 관리하자!

감정 조절이 제대로 되어야만 이성적이고 적극적인 행동이 가능하다. 감정 상태에 따라 뇌의 혈류량이 차이가 나기 때문에 부정적인 생각이나 감정 상태일 때 보다 감사하고 즐거운 감정 상태일 때의 뇌의 혈류량이 훨씬 크다. 감사하기를 통해 정서를 조절할 수 있다.

학습 정서를 조절하는 방법은 무엇일까?
- 명상하기 -

🔵 활동 목표

■ 두뇌유형별 정서 조절 방법으로 명상하기를 실천할 수 있다.

🔵 준비물

■ ppt 자료, 명상음악, 활동지

🔵 활동 내용

다음은 두뇌유형별 명상하기 방법이다.

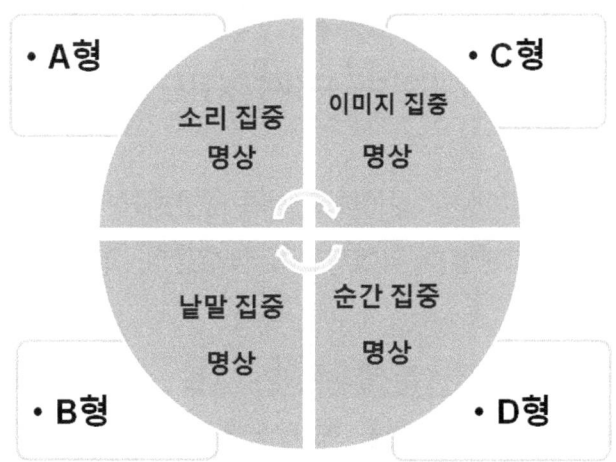

① 명상에 집중할 수 있는 환경을 만들고 조용한 명상음악을 틀어놓는다.

② 명상음악으로 자기 사랑하기, 이완명상, 비전명상 등을 사용하고 우선 호흡명상을 다 같이 하고 두뇌유형별 명상을 진행한다.

③ 논리주도형은 소리집중 명상을 한다. 주변에서 나는 소리에 집중하는 명상으로, 새들의 소리, 나뭇잎이 부딪치는 소리, 계곡물소리, 폭포소리 등 자

연의 소리에 집중하면서 명상한다. 소리의 음색과 다양한 높낮이, 리듬에 집중한다.

④ 사고구조형은 낱말집중 명상을 한다. 어떤 낱말이나 구절을 계속 반복해서 집중하는 것이다. 같은 낱말이나 구절을 소리내지 않고 반복하면서 호흡과 리듬을 맞춤으로써 마음에 주문을 건다. 예를 들어 사랑, 빛, 소망 등의 낱말이나 "모든 것이 잘 될거야", "모든 것을 사랑하고 싶다" 등의 구절을 반복한다.

⑤ 창의직관형은 심상집중 명상을 한다. 어떤 사물이나 심상 등 시각적인 자극에 집중하는 명상이다. 아름다운 돌, 크리스탈, 촛불, 나무, 작은 그림 같은 것들을 선택하거나 마음에 떠올린다. 마음에 사물이나 그림을 떠올렸다면 눈을 감고 편안해질 때까지 집중하면서 명상한다.

⑥ 감정활동형은 순간집중 명상을 한다. 매순간을 그 자체로 인식하는데 집중하는 명상이다. 순간순간 내 주위에서 일어나는 일들, 머릿속의 생각들, 자신이 느끼는 감정들을 관찰한다. 자신이 경험한 순간을 떠올리고 호흡하면서 집중한다.

⑦ 짝 또는 모둠 별로 명상을 진행하고 서로 공유하도록 한다. 교사는 순시를 하면서 주로 창의직관형과 감정활동형 학생들의 활동을 점검하고 격려해 준다.

⑧ 전체 활동 후 자신의 느낌을 발표하면서 소감을 나누고 언제나 실천할 수 있도록 서로에게 격려와 응원을 해 주도록 한다.

정서조절
– 소리집중 명상

활동 개요

명상일기는 한 줄이라도 매일 일기를 쓰고, 소리집중 명상을 하고 난 다음
소감이나 느낌, 마음의 상태 등을 구체적으로 쓴다.

---

* 명상일기 ( )월 ( )일

정서조절
– 낱말집중 명상

활동 개요
명상일기는 한 줄이라도 매일 일기를 쓰고, 낱말집중 명상을 하고 난 다음
소감이나 느낌, 마음의 상태 등을 구체적으로 쓴다.

＊ 명상일기　　　　　　　　　（　　）월 （　　）일

정서조절
– 심상집중 명상

활동 개요
명상일기는 한 줄이라도 매일 일기를 쓰고, 심상집중 명상을 하고 난 다음
소감이나 느낌, 마음의 상태 등을 구체적으로 쓴다.

* **명상일기**   (   )월 (   )일

정서조절
– 순간집중 명상

활동 개요
명상일기는 한 줄이라도 매일 일기를 쓰고, 순간집중 명상을 하고 난 다음 소감이나 느낌, 마음의 상태 등을 구체적으로 쓴다.

＊ 명상일기　　　　　　　　(　　)월 (　　)일

학습 정서를 긍정적으로 관리하자!
- 감사하기 -

◉ 활동 목표
■ 두뇌유형별 정서 조절 방법으로 감사하기를 실천할 수 있다.

◉ 준비물
■ ppt 자료, 음악, 편지지, 엽서, 활동지

◉ 활동 내용
다음은 두뇌유형별 감사하기 방법이다.

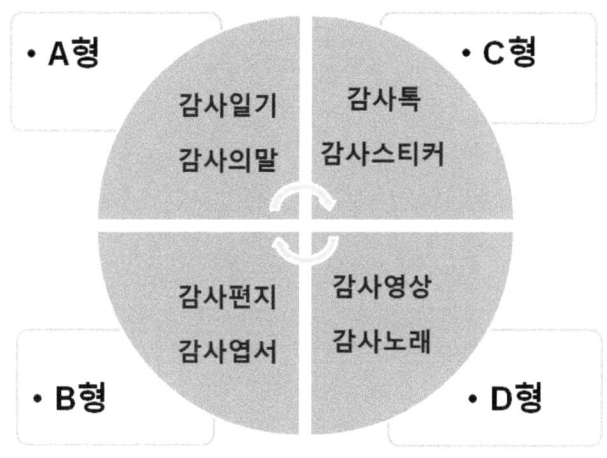

<두뇌유형별 감사하기 방법>

① 논리주도형은 고마운 사람이나 일에 대해 감사일기를 쓰거나 감사의 말을 전한다.
② 사고구조형은 감사하는 마음을 감사편지를 쓰거나 감사엽서 쓰기를 한다.

③ 창의직관형은 감사하는 마음을 그림으로 그려서 감사 톡, 감사스티커로 전한다.

④ 감정활동형은 감사하는 마음을 감사영상이나 감사노래로 전한다.

⑤ 논리주도형과 사고구조형은 스스로 피드백을 하며 진행하게 하고, 창의직관형과 감정활동형은 모둠끼리 서로 피드백하며 진행한다.

⑥ 전체적으로 나누고 싶은 사람은 단톡에 남겨서 서로를 격려하고 칭찬해 주면서 진행한다.

⑦ 감사하는 마음을 표현할 때 감사한 것에 대해 세 가지 이상 표현하고 무엇이 왜 감사한지를 구체적이고 긍정문으로 쓰게 한다.

⑧ 감사하는 마음을 계속 가지게 되면 사소한 것조차 소중하게 여기고 시간이 지날수록 긍정적이고 마음이 행복감으로 충만하게 변해간다.

정서조절
– 감사일기

활동 개요

논리주도형의 감사일기는 한 줄이라도 매일 일기를 쓰고, 무엇이 왜 감사한지를
구체적으로 쓰며, 긍정문으로 쓴다.

* 감사일기   (   )월 (   )일

정서조절
– 감사편지

활동 개요
사고구조형의 감사편지는 평소 감사한 주변 사람들에게 쓰고, 상대방의 무엇이 왜 감사한지를 구체적으로 표현하며, 편지의 형식으로 쓴다.

* 감사한 (   )에게

정서조절
– 감사톡/감사스티커 보내기

활동 개요

창의직관형의 감사톡/감사스티커는 평소 감사한 주변 사람들에게 무엇이 왜 감사한지를 그림이나 스티커를 이용하여 표현한다.

＊ 감사한 (   )에게

정서조절
– 감사 영상/감사 노래

활동 개요

창의직관형의 감사톡/감사스티커는 평소 감사한 주변 사람들에게 무엇이 왜
감사한지를 영상이나 노래를 이용하여 표현한다.

* **감사한 (   )에게**

● 정서조절을 위한 코칭 질문

1. 평소 나의 기분은 어떠한가?

_____

_____

2. 나의 기분을 좋게 유지해야 하는 이유는 무엇일까?

_____

_____

_____

3. 좋은 기분을 유지하기 위해서 무엇을 어떻게 하면 될까?
   지금 당장 실천할 수 있는 방법은 무엇일까?

_____

_____

_____

_____

3부
인지 전략

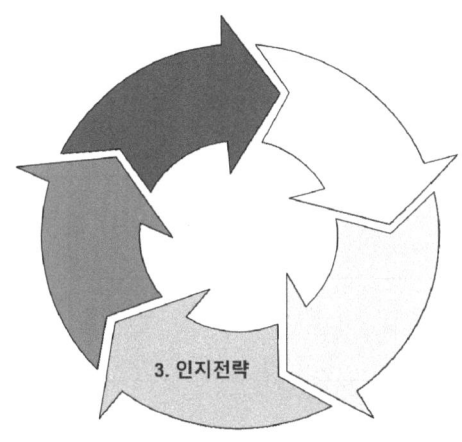

3. 인지전략

1장	나만의 학습 나침반을 찾자
	- 전략 8 : 맞춤형 두뇌 공부 방법 찾기
2장	자기주도학습의 세 바퀴를 끼우자!
	- 전략 9 : 기억력 향상하기
	- 전략 10 : 집중력 향상하기
	- 전략 11 : 메타인지 향상하기

인지 전략

전략 8

두뇌
유형별

**맞춤형 두뇌 공부
방법 찾기**

전략 9

두뇌
유형별

기억력 향상하기

전략 10

두뇌
유형별

집중력 향상하기

전략 11

두뇌
유형별

**메타인지
향상하기**

▦ **나만의 학습 나침반을 찾자**

두뇌유형에 맞는 자신만의 학습전략을 찾고 자신의 두뇌 특성에 맞는 학습방법을 찾으면서 직접 시도해보고 도움이 되었던 방법을 반복해서 적용해 보도록 한다.

▦ **자기주도학습의 세 바퀴를 끼우자!**

자기주도학습에 있어서 가장 중요한 기억력, 집중력, 메타인지를 학습의 3요소로 구성하고, 두뇌유형별로 향상시킬 수 있는 자기주도학습 전략을 찾을 수 있다.

나만의 학습 나침반을 찾자
- 맞춤형 두뇌 공부 방법 찾기 -

● **활동 목표**
- 두뇌유형별 학습 전략을 찾을 수 있다.

● **준비물**
- ppt 자료, 활동지

● **활동 내용**

① 두뇌유형에 맞는 학습전략을 제시하고 자신만의 공부 방법을 찾고 좀 더 자신의 두뇌 특성에 맞는 이해 방법을 찾도록 한다.

② 자신에게 맞는 학습 방법을 찾으면서 직접 시도해보고 도움이 되었던 방법을 반복해서 적용해 보도록 한다.

③ 논리주도형은 구조화된 강의법, 쓰기 및 말하기, 녹음하기, 발표하기, 조사보고서, 신문기사, 저널쓰기, 편지쓰기, 인강듣기, 교과서 낭독, 스토리텔링 등의 학습전략을 제시한다.

④ 사고구조형은 마인드맵, 써클맵, PPT자료 만들기, 프레지 만들기, 안내서 만들기, 해설서 만들기, 개념정리노트, 범주화, 구조화하기 등의 학습전략을 제시한다.

⑤ 창의직관형은 토론과 대화, 실험하기, 이미지스토리텔링, 개념카드, 브레인스토밍, 포스터 만들기, 웹툰 그리기, 협동화 그리기 등의 학습전략을 제시한다.

⑥ 감정활동형은 프로젝트 활동, 가르치기, 개사송 만들기, 스피드 퀴즈, 초성

퀴즈, 빙고 게임, 크로스 퍼즐, 동영상 제작, 역할극, 역할놀이 등의 학습전략을 제시한다.

⑦ 짝 또는 모둠 별로 학습전략을 완성하고 서로 공유하도록 한다. 교사는 순시를 하면서 주로 창의직관형과 감정활동형 학생들의 활동을 점검하고 격려해 준다.

⑧ 전체 활동 후 자신의 학습전략을 발표하면서 소감을 나누고 언제나 실천할 수 있도록 서로에게 격려와 응원을 해 주도록 한다.

■ 두뇌유형별 학습전략 ■

논리 주도형	-구조화된 강의법 -쓰기 및 말하기 -녹음하기, 발표하기 -조사보고서 -신문기사, 저널쓰기 -편지쓰기, 인강듣기 -교과서 낭독 -스토리텔링	사고 구조형	-마인드맵 -써클맵 -PPT자료 만들기 -프레지 만들기 -안내서 만들기 -해설서 만들기 -개념정리노트 -범주화, 구조화하기
창의 직관형	-토론과 대화 -실험하기 -이미지스토리텔링 -개념카드 -브레인스토밍 -포스터 만들기 -웹툰 그리기 -협동화 그리기	감정 활동형	-프로젝트 활동 -가르치기 -개사송 만들기 -스피드 퀴즈 -초성 퀴즈, 빙고 게임 -크로스 퍼즐 -동영상 제작 -역할극, 역할놀이

학습전략 사례
- 지구의 날

활동 개요

지구의 날에 대해 컴퓨터나 핸드폰을 활용하여 자료를 조사하고,
신문 기사문을 자유롭게 써보자.

1. 제목은 무엇으로 정하였나요?

   _____

2. 어떤 내용으로 쓸 것인가요?

   _____

3. 위의 내용을 바탕으로 신문 기사문을 적어주세요.

학습전략 사례
- 지구의 날

활동 개요

지구의 날에 관해 컴퓨터나 핸드폰을 활용하여 자료를 조사하고
마인드맵으로 그려보자.

1. 지구의 날에 대해 어떤 방법으로 조사하였나요?

_____

2. 지구의 날에 대해 어떤 내용을 조사하였나요?

_____

3. 위의 내용을 바탕으로 마인드맵을 그리시오.

학습전략 사례
– 지구의 날

활동 개요

지구의 날에 대해 토론하고 만화를 그려보자.

1. 제목은 무엇으로 정하였나요?

_____

2. 어떤 내용을 그릴 것인가요?

_____

3. 위의 내용을 바탕으로 지구의 날에 대해 만화로 그려 주세요.

학습전략 사례
– 지구의 날

지구의 날에 대해 조사하고, 지구의 날송을 제작하여 보자.

1. 어떤 노래를 개사하기로 정하였나요?

_____

2. 어떤 제목으로 제작할 것인가요?

_____

3. 개사에 포함될 주요 내용 키워드는 무엇인가요?

_____

4. 위의 내용을 바탕으로 개사한 지구의 날송을 적어주세요.

두뇌유형별 학습전략 사례

논리 주도형	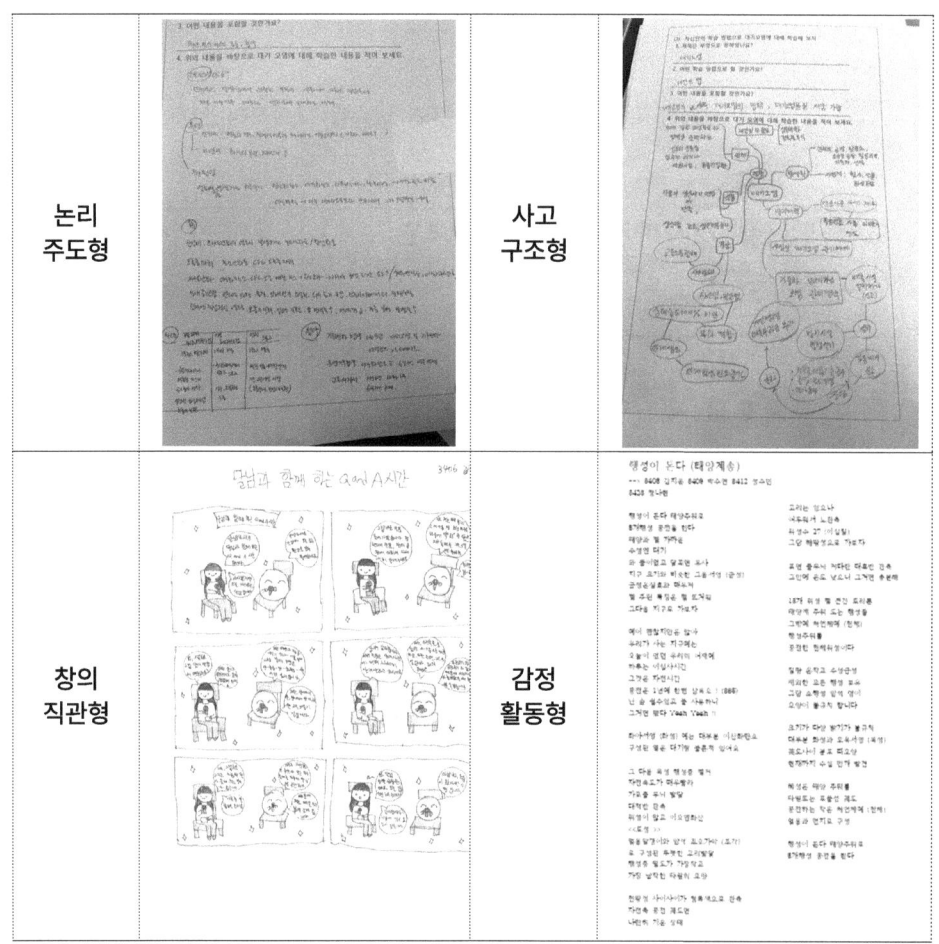	사고 구조형	
창의 직관형		감정 활동형	

자기주도학습의 세 바퀴를 끼우자!
- 기억력 향상하기 -

🔵 활동 목표

- 기억력를 이해할 수 있다.
- 두뇌유형별 암기 전략 찾을 수 있다.

🔵 준비물

- ppt 자료, 음악(뇌체조 음악), 활동지

🔵 활동 내용

① 두뇌유형에 맞는 암기전략을 제시하고 자신만의 암기 방법을 찾고 좀 더 자신의 두뇌 특성에 맞는 암기 방법을 찾도록 한다.

② 자신에게 맞는 암기 방법을 찾으면서 직접 시도해보고 도움이 되었던 방법을 반복해서 적용해 보도록 한다.

③ 논리주도형의 소리 암기는 소리를 내면서 암기하는 방법으로 청각에 예민한 논리주도형에 적당하며, 스토리텔링 암기는 암기할 내용을 스토리로 엮어서 하는 것이며, 교과서 암기는 교과서를 통째로 암기하는 것이다.

④ 사고구조형의 구조화 암기는 암기할 내용을 구조화하여 하며, 노트필기를 잘하는 사고구조형이므로 암기노트를 만들어 암기를 한다.

⑤ 창의직관형의 이미지 암기는 시각 정보에 예민하므로 암기할 내용을 이미지화 하여 암기하는 것이고 연상 암기는 암기할 내용을 떠올릴 수 있는 것을 설정하여 암기한다. 브레인스크린은 암기할 내용을 뇌에 스크린을 만들어 통째로 저장하여 암기한다.

⑥ 감정활동형의 노래개사 암기는 암기할 내용을 노래 가사로 만들어 하고 가르치기와 액션 설명은 친구들끼리 서로에게 가르치는 동작을 하면서 암기하는 것이다.

⑦ 짝 또는 모둠 별로 학습전략을 완성하고 서로 공유하도록 한다. 교사는 순시를 하면서 주로 창의직관형과 감정활동형 학생들의 활동을 점검하고 격려해 준다.

⑧ 전체 활동 후 자신의 학습전략을 발표하면서 소감을 나누고 언제나 실천할 수 있도록 서로에게 격려와 응원을 해 주도록 한다.

다음은 두뇌유형별 암기 전략이다.

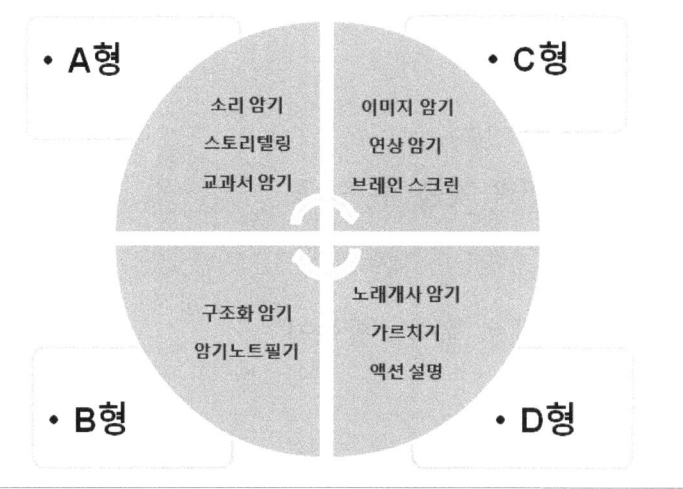

<두뇌유형별 암기 전략>

공통 암기 전략

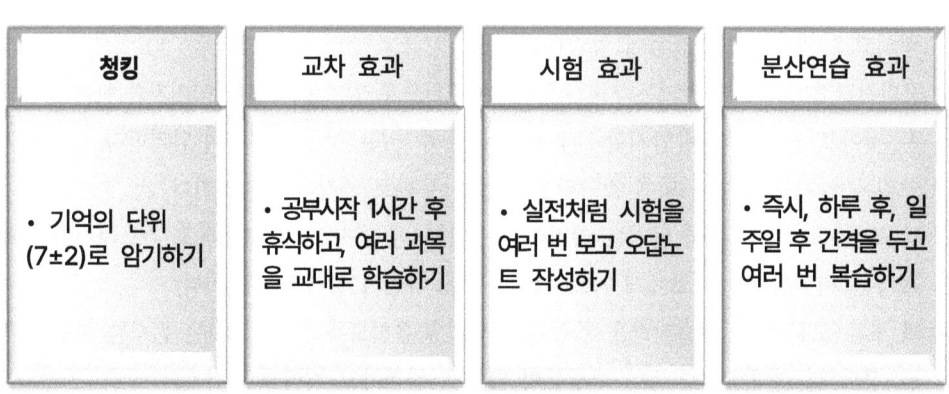

암기전략 사례
– 스토리텔링 암기

활동 개요

암기하고자 하는 내용을 단어와 이야기로 재미있고 생생하게 적고,
소리내면서 읽고 암기한다.

활동 내용

1. 암기할 내용을 스토리텔링으로 적고, 소리내어 읽어주세요.

암기전략 사례
– 구조화 암기

활동 개요

암기하고자 하는 내용을 마인드맵, 써클맵, 표 등으로 그리고,
내용을 구조화하면서 암기한다.

활동 내용

1. 암기할 내용을 마인드맵, 써클맵, 표 등으로 그려주세요.

암기전략 사례
– 브레인스크린 암기

활동 개요

자신의 뇌를 스크린이라 상상하고 브레인스크린에 암기할 내용을 사진을 보듯 재생하며 뇌에 저장하면서 암기한다.

활동 내용

1. 브레인스크린에서 암기한 내용을 적어본다.

암기전략 사례
– 노래개사 암기/가르치기

활동 개요

노래개사 암기는 암기할 내용을 노래 가사로 만들어하고, 가르치기와 액션 설명은 친구들끼리 서로에게 가르치면서 암기한다.

활동 내용

1. 암기할 내용을 좋아하는 노래에 개사하여 적어주세요.

집중력 향상 전략

명상하기
• 뇌파안정 등 뇌기능 향상

뇌온도 내리기
• 산소부족, 뇌의 온도가 올라 갔을 때

낮잠 자기
• 뇌의 신경세포 사이의 공간을 넓히고 독소 제거

뇌에 좋은 음식
• 바나나, 시금치(루테인, 엽산, 베타카로틴), 달걀(오메가3) 등등

정리정돈 하기
• 환경을 패턴화, 구조화

제한시간 설정하기
• 방어호르몬인 노르에피네프린이 분비되어 집중력 향상

설탕 피하기
• 산성과 염기성의 평형을 파괴하고 뇌의 시냅스 회로 연결을 방해

신경전달물질 3
•Dopamine (도파민) •Noradrenalin (노르 아드레날린) •Acetylcholine (아세틸콜린)

집중력 향상 전략1
- 명상하기

활동 개요

공부하기 전, 집중이 되지 않을 때 명상에 집중할 수 있는 환경을 만들고 조용한 명상음악을 틀어놓는다. 눈을 감고 호흡에 집중한다.

활동 내용

1. 명상을 하기 전과 후의 집중력은 어떻게 달라졌는가?

_____

_____

_____

2. 명상을 하고 난 후의 소감은 어떠한가?

_____

_____

_____

_____

집중력 향상 전략2
– 뇌온도 내리기

활동 개요

* 뇌에 산소가 부족하면 뇌의 온도는 올라간다. 우리의 뇌는 적절히 찬 공기를 흡입해야 기능이 정상적으로 작동된다. 뇌가 체온을 일정하게 유지하도록 하는 컨트롤 타워이기 때문이다. 우리의 뇌는 엄청난 에너지 소모를 하는 곳이다. 신체의 모든 것을 관할하다 보니 과열되기도 쉽고 뇌가 가열되면 집중력도 떨어지기 때문에 뇌의 열을 낮춰줘야 한다.

* 뇌의 온도를 내리는 방법
1. 뇌의 온도를 낮추려면 뇌로 운반되는 혈액을 식혀줘야 한다. 찬물에 수건을 적셔 목에 두르는 것이 가장 효과적인 방법이다. 물수건의 찬 기운이 목 부분을 지나는 혈액을 식혀 뇌의 온도를 낮춘다.
2. 충분한 수분을 섭취해야 한다. 수분 보충은 땀 생성, 뇌 온도 낮추기의 기본 중의 기본이다.
3. 신선한 공기로 뇌의 열을 수시로 낮춰준다. 가장 중요한 것은 호흡하는 공기가 차가워야 한다는 것이다.
4. 하품을 많이 한다. 하품은 따분하거나 피로할 때 인체가 내는 신호일 뿐 아니라, 과열된 뇌를 식히는 작용도 한다

활동 내용

1. 뇌온도 내리기를 하기 전과 후의 집중력은 어떻게 달라졌는가?

_____

_____

_____

집중력 향상 전략3
- 낮잠 자기

활동 개요

* 낮잠을 자는. 동안 기억력과 집중력 향상에 도움을 주는 특정 뇌파가 활성화되고, 새로운 정보를 정리하는 해마가, 이를 장기 기억으로 이동시키기 때문에 낮잠을 자면 창의성과 관련한 우뇌의 활동이 급격히 활발해짐으로써 창의력도 향상된다. 천재 물리학자 아인슈타인은 집무실에서 낮잠을 즐긴 것으로 유명하고, 에디슨, 레오나르도 다빈치, 나폴레옹 등도 매일 낮잠을 잤다고 알려져 있다. 물론 이러한 효과가 모든 인간에게 동일하게 적용되는 것은 아니겠으나 "낮잠이 마음을 정화하고 창의적으로 만들어준다"는 아인슈타인의 말처럼 두뇌 건강에 도움이 되는 것만은 분명하다. 낮잠이 두뇌의 작용을 원활하게 해주는 것이다. 권장되는 낮잠 시간은 30분 이내이다. 일반적으로 30분 이상이 되면 렘수면(REM) 단계에 접어들어 깊은 잠에 빠질 가능성이 있다. 깊은 수면 상태에서 억지로 깨게 되면 일어나서도 더 피곤함을 느끼고 몽롱한 상태가 지속될 수 있다. 15분 이내의 짧은 잠은 (기분 전환 외에는)의미가 없다. 수면시간은 무의식 상태에서 수면뇌파가 정상적으로 발생하는'15분 이상, 30분 이내'가 좋다. 게다가 깊은 잠까지 빠지는 수면(60분 이상)은 생체리듬이 무너져 건강에 바람직하지 않다.

출처 : 헬스컨슈머(http://www.healthumer.com)

매경헬스(http://www.mkhealth.co.kr)

활동 내용

1. 낮잠 자기 전과 후의 집중력은 어떻게 달라졌는가?

집중력 향상 전략4
– 뇌에 좋은 음식 섭취하기

활동 개요

* 뇌 건강에 좋은 식품 5가지를 알아본다.

1. 녹색 잎채소

케일이나 시금치, 콜라드, 브로콜리 같은 녹색 잎채소에는 비타민K와 루테인, 엽산, 베타카로틴 등의 뇌 건강 영양소가 풍부하다. 연구에 따르면, 이런 채소들은 인지력 감퇴를 늦추는데 도움이 된다.

2. 오메가-3 풍부 생선

건강한 불포화지방인 오메가-3 지방산은 알츠하이머병 환자의 뇌에서 해로운 덩어리를 형성하는 단백질인 베타-아밀로이드의 낮은 혈중 수치와 관련이 있다.

3. 베리류

연구에 따르면, 딸기나 블루베리, 라즈베리 등 베리류에 들어있는 식물성 색소인 플라보노이드는 기억력을 향상시키는데 도움이 되는 것으로 나타났다.

4. 다채로운 색깔의 과일과 채소

노화를 방지하고 체내에 손상된 세포의 회복을 돕는 항산화 물질을 섭취하면 활성산소를 막고 세포막을 보호할 수 있다. 항산화 물질은 비타민 A·C·E, 코큐텐, 셀레늄 등인데, 이는 과일과 채소에 듬뿍 들어 있다. 평상시 토마토, 사과, 당근, 브로콜리, 파프리카 등을 자주 섭취하면 좋다.

5. 호두, 아몬드 등 견과류

견과류는 단백질과 건강한 지방의 보고다. 특정 견과류는 기억력을 개선시킬 수도 있다.

활동 내용

1. 내가 좋아하는 뇌에 좋은 음식은 어떤 것이 있을까?

집중력 향상 전략5
- 정리정돈하기

활동 개요

● 정리정돈은 단순히 물건을 제자리에 놓고 주변을 깨끗이 청소하는 것이 아니다. 정리정돈을 잘하는 아이는 생각을 정리하고 조직화하는 데도 뛰어나다. 내용을 잘 분류해 정리하거나 필기·메모하기 같은 학습 능력이 좋아진다는 것. 어떤 일을 먼저 처리해야 하는지 판단도 잘하게 된다. 물건을 정리하면 어떤 효과가 있을까요?

1. 정리 습관이 붙는다.

2. 청소가 쉬워집니다.

3. 절약이 됩니다.

4. 가족에게도 좋은 영향을 줍니다.

활동 내용

1. 정리정돈 일기 쓰기를 통해 기록하는 습관을 가지면 생각 정리 훈련이 저절로 된다. 종이의 왼쪽에는 정리 전, 오른쪽은 정리 후 변한 점을 적도록 한다. 글로 쓰도 되고, 그림이나 사진 찍기 등으로 변한 부분을 확인한다.

정리정돈하기 전의 모습	정리정돈하기 후 모습

집중력 향상 전략6
– 제한시간 설정하기

활동 개요

* 집중력을 발휘하는 노르에피네프린:

노르에피네프린은 긴장하거나 스트레스를 받으면 생기는 호르몬이다. 아이가 긴장하거나 스트레스를 받으면 처음에는 뇌가 맑아지고 집중력이 생기는데 아이의 학업성취도를 높여주고 순발력이 있게 행동하도록 돕는다. 특히 인간이 위험에 처했을 때 자신의 능력 이상의 힘을 보이는 것은 노르에피네프린 때문이다. 예를 들어 아이가 차에 깔렸을 때 엄마가 순간적으로 차를 들어 올릴 수 있는 괴력을 발휘한다면 노르에피네프린이 역할을 한다. 노르에피네프린은 극복이 가능한 일시적 스트레스 상황에서 집중력을 높이고 삶의 활력을 준다. 그래서 약간의 스트레스는 오히려 학업성취도를 높이는 것이다. 그러나 극복이 불가능할 정도의 심한 스트레스는 아이의 면역력을 떨어뜨려 질병을 일으킬 수도 있다.

노르에피네프린은 주의나 경계에서 중요하다. 주의나 경계 때에는 노르에피네프린으로 인하여 대뇌겉질의 활동이 전체적으로 높아져 외부의 정보를 적절하고 신속하게 처리할 수 있다. 노르에피네프린은 수용체를 통해 주위의 뉴런을 조절한다. 그러므로 제한시간을 설정하면 노르에피네프린이 분비되어 집중력을 발휘하여 공부할 수 있다.

출처: http://babytree.hani.co.kr/29792

활동 내용

1. 공부할 때, 시험기간에 제한시간을 설정해 보자.

_____

_____

_____

집중력 향상 전략7
- 설탕 피하기

활동 개요

* 우리의 기억력이 감퇴되는 여러 이유 중 하나는 글루코스 때문입니다. 우리가 설탕을 섭취하면 뇌속에서 순환하는 글루코스를 차단시켜 주어 단기기억력을 향상시키는 효과가 있습니다.

그리고 설탕을 먹으면 우리 뇌는 도파민을 분비합니다. 단걸 먹으면 기분이 좋아진다는 말은 바로 설탕의 역할에서 나타나는 것입니다. 문제는 설탕의 즉각적인 효과입니다. 설탕은 뇌의 쾌락 중추를 빠르게 자극합니다. 그리고 빠르게 사라지게 됩니다. 설탕의 이러한 특징으로 인해 행복감을 유지하기 위해 지속적으로 설탕을 찾게 되는 중독현상에 빠질 수 있어 장기적으로는 뇌의 집중력도 떨어뜨릴 수 있습니다.

출처: https://too612.tistory.com/190 [꿍스뿡이의 드림빌더]

활동 내용

1. 내가 좋아하는 음식이나 간식 중 설탕이 많이 들어있는 음식은 어떤 것이 있을까?

_____

_____

2. 내가 좋아하는 음식이나 간식 중 설탕이 얼마나 들어있는지 조사해 보자.

_____

_____

메타인지 향상 전략

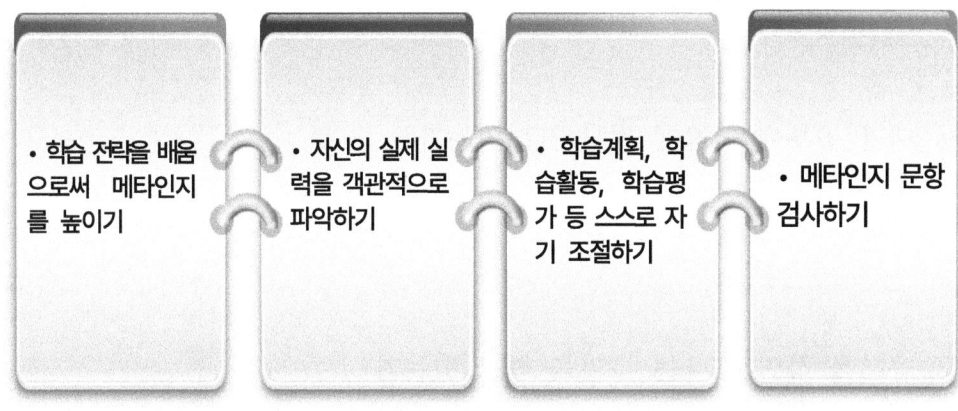

- 학습 전략을 배움으로써 메타인지를 높이기
- 자신의 실제 실력을 객관적으로 파악하기
- 학습계획, 학습활동, 학습평가 등 스스로 자기 조절하기
- 메타인지 문항 검사하기

● 자신의 실제 실력을 객관적으로 파악하기 위한 방법

1. 셀프테스트를 위한 과목과 문제집 정하기

2. 문제집을 풀고 채점하기
   채점을 할 때 아는 것과 모르는 것 구분하기
   (완벽하게 알고 맞은 것은 ○, 애매하게 아는데 맞힌 것은 △,
   잘 모르는데 맞은 것은 ×로 표시한다.)

3. ○로 표시된 문제는 아는 것이니까 넘어가고, △와 ×로 표시된 문제는 책을 보며 정독하면서 다시한번 이해한다.

4. 셀프테스트는 복습을 하면서 알고있다고 착각하는 것에서 벗어나게 해주고, 제대로 아는지 모르는지를 명확하게 확인할 수 있게 도와주는 주므로 스스로 공부하는데 도움을 준다.

● 메타인지 향상을 위한 질문- Marzano, R. J. (1998)

1. 학습계획

🕐 내가 공부에 어떻게 접근하고 있는가?

🕐 공부를 하면서 나는 무엇을 하고 있는가?

🕐 책을 읽으면서 내용을 이해하지 못할 때 나는 무엇을 하는가?

🕐 문제가 생기면 나는 무엇을 하는가?

🕐 읽고 있는 동안 나는 무슨 생각을 하는가?

● 메타인지 향상을 위한 질문- Marzano, R. J. (1998)

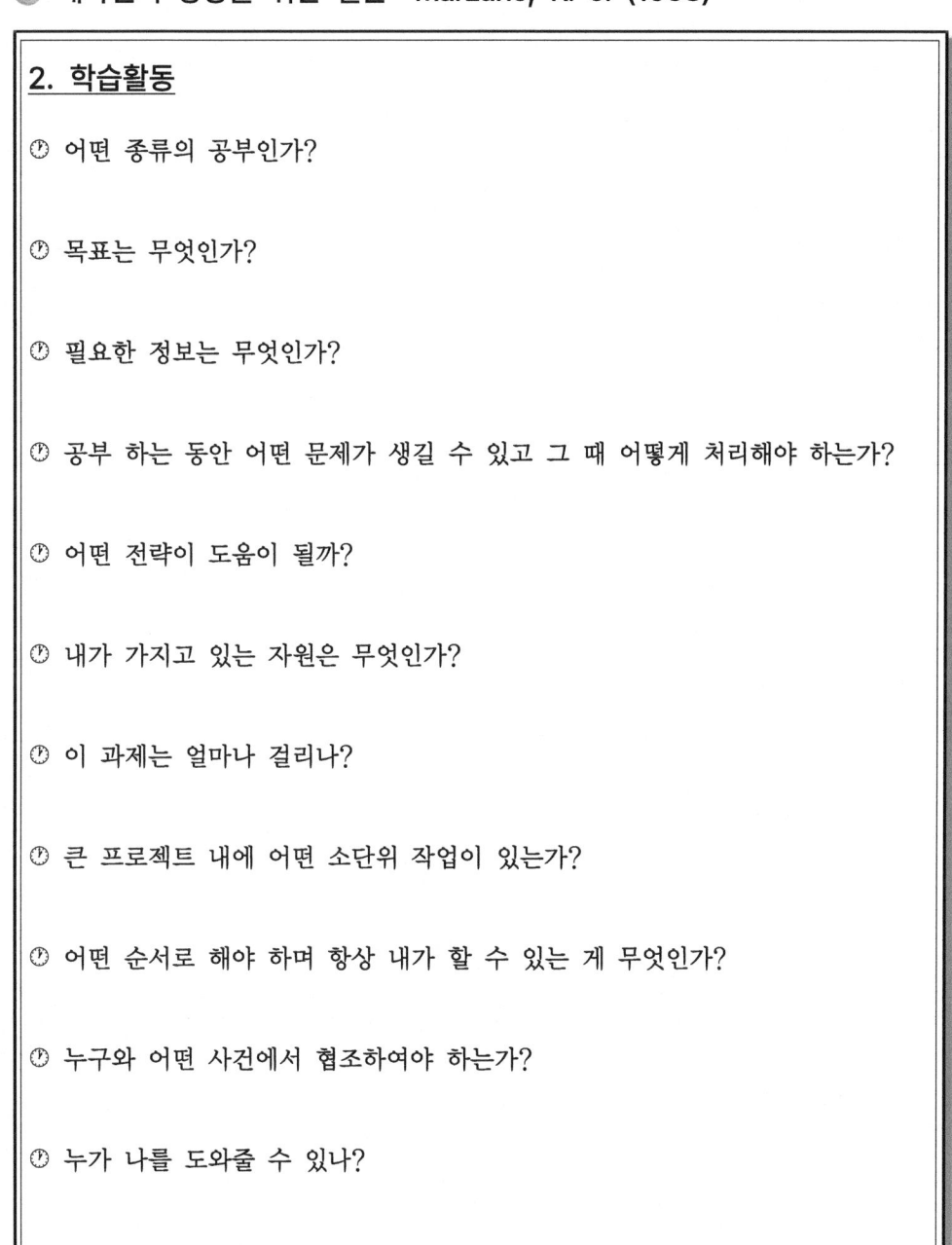

2. 학습활동

🕐 어떤 종류의 공부인가?

🕐 목표는 무엇인가?

🕐 필요한 정보는 무엇인가?

🕐 공부 하는 동안 어떤 문제가 생길 수 있고 그 때 어떻게 처리해야 하는가?

🕐 어떤 전략이 도움이 될까?

🕐 내가 가지고 있는 자원은 무엇인가?

🕐 이 과제는 얼마나 걸리나?

🕐 큰 프로젝트 내에 어떤 소단위 작업이 있는가?

🕐 어떤 순서로 해야 하며 항상 내가 할 수 있는 게 무엇인가?

🕐 누구와 어떤 사건에서 협조하여야 하는가?

🕐 누가 나를 도와줄 수 있나?

🕐 이 프로젝트에서 배우고자 하는 바는 무엇인가?

● 메타인지 향상을 위한 질문- Marzano, R. J. (1998)

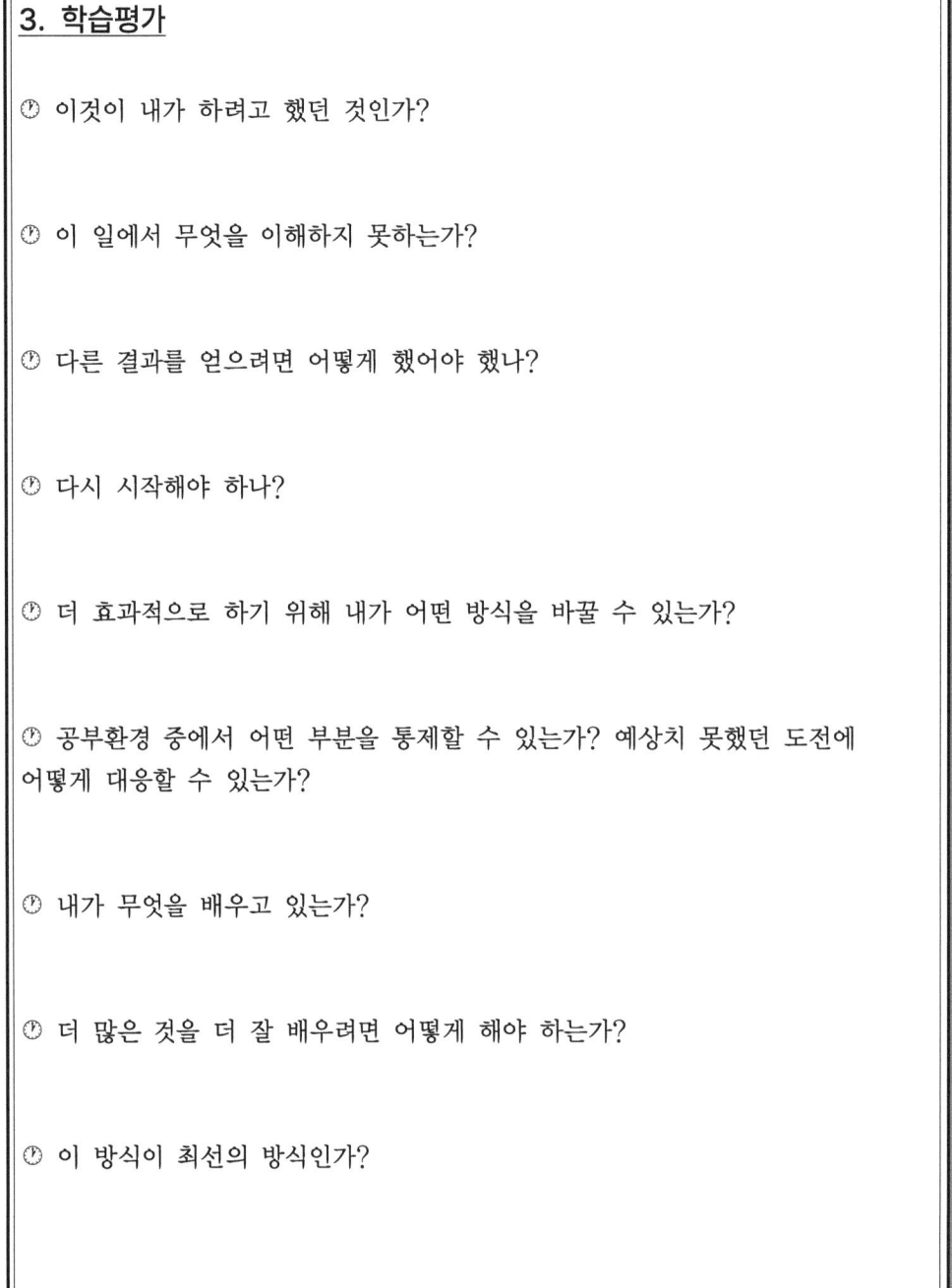

3. 학습평가

🕐 이것이 내가 하려고 했던 것인가?

🕐 이 일에서 무엇을 이해하지 못하는가?

🕐 다른 결과를 얻으려면 어떻게 했어야 했나?

🕐 다시 시작해야 하나?

🕐 더 효과적으로 하기 위해 내가 어떤 방식을 바꿀 수 있는가?

🕐 공부환경 중에서 어떤 부분을 통제할 수 있는가? 예상치 못했던 도전에 어떻게 대응할 수 있는가?

🕐 내가 무엇을 배우고 있는가?

🕐 더 많은 것을 더 잘 배우려면 어떻게 해야 하는가?

🕐 이 방식이 최선의 방식인가?

메타인지 검사 문항

학습활동 전 평가	잘함	보통	못함
•공부목표를 확인한다	☐	☐	☐
•공부할 내용이 무엇인지 알고 있다	☐	☐	☐
•공부할 내용을 얼마나 알고 있는지 살펴본다	☐	☐	☐
•공부에 필요한 물건들을 준비한다	☐	☐	☐

학습활동 중 평가	잘함	보통	못함
•공부시간이나 공부량이 얼마나 될지 생각하면서 공부한다	☐	☐	☐
•미리 생각했던 공부방법이 적당했는지 생각해 본다	☐	☐	☐
•나의 공부방법 중 잘못된 점이 없는지 생각해 본다	☐	☐	☐
•스스로 질문에 답하면서 공부한다	☐	☐	☐
•공부시간이나 양이 적당했는지 생각해 본다	☐	☐	☐
•친구나 선생님의 생각과 나의 생각을 비교해 본다	☐	☐	☐
•중요한 내용은 노트필기나 메모를 한다	☐	☐	☐

학습활동 후 평가	잘함	보통	못함
•공부방법이 만족스러운지 점수를 매겨 본다	☐	☐	☐
•더 좋은 다른 공부방법이 무엇인지 생각해 본다	☐	☐	☐
•공부하는 동안 내가 얼마나 집중했는지 점수를 매겨 본다	☐	☐	☐
•부족했던 노트필기나 메모를 보충하고 정리해 둔다	☐	☐	☐

1. 나만의 공부 방법으로 무엇이 좋은가? 그 이유는 무엇인가?

_____

_____

2. 나의 기억력을 기르기 위한 방법은 무엇인가?

_____

_____

_____

3. 나의 집중력을 기르기 위해서 어떻게 하면 될까?
   지금 당장 실천할 수 있는 방법은 무엇일까?

_____

_____

_____

_____

4부
환경 관리

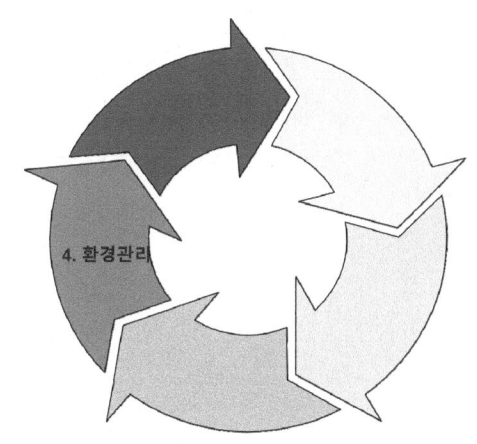

4. 환경관리

1장	**나만의 학습 스케줄을 설계하자!** - 전략 12 : 자기주도학습계획 세우기
2장	**두뇌 친화적 환경을 구축하자!** - 전략 13 : 뇌기반 자기주도학습환경 만들기

환경 관리

전략 12

두뇌
유형별

**자기주도 학습계획
세우기**

▩ 나만의 학습 스케줄을 설계하자!

자기주도 학습의 첫발은 공부 계획에서 시작된다. 계획을 세우기 위해 책상 앞에 앉는 순간, 자기주도 학습이 시작되는 것이다. 나에게 꼭 맞는 제대로 된 학습계획을 세울 수 있다.

전략 13

두뇌
유형별

**뇌기반 자기주도 학습
환경 만들기**

▩ 두뇌 친화적 환경을 만들자!

두뇌유형별 학습환경 조성 방법을 유형대로 선택하여 자신만의 방법을 탐색하고, 학습에 방해되는 요인을 찾고 해결 방안을 찾을 수 있다.

나만의 학습 스케줄을 설계하자!
- 자기주도학습계획 세우기 -

● 활동 목표

- 학습 계획의 중요성을 이해할 수 있다.
- 두뇌유형별 학습 계획을 세울 수 있다.

● 준비물

- ppt 자료, 활동지, 일일계획표, 주간계획표, 월간계획표

● 활동 내용

① 두뇌유형에 맞는 학습계획 전략을 제시하고 자신만의 방법을 찾고 좀 더 자신의 두뇌 특성에 맞는 방법을 찾도록 한다.

② 자신에게 맞는 학습계획 방법을 찾으면서 직접 시도해보고 도움이 되었던 방법을 반복해서 적용해 보도록 한다.

③ 논리주도형과 사고구조형은 개별적으로 계획을 잘 세우는 학생들이며, 월간 계획이나 연간 계획처럼 장기적인 계획을 세우도록 한다.

④ 창의직관형과 감정활동형은 주간 계획이나 일일 계획처럼 단기 계획을 세우도록 하며 친구들끼리 함께 계획을 세우고 상호작용과 피드백을 주기적으로 나누며 서로에게 격려와 응원을 하도록 한다.

⑤ 짝 또는 모둠 별로 학습계획을 완성하고 서로 계획을 공유하도록 한다. 교사는 순시를 하면서 주로 창의직관형과 감정활동형 학생들의 활동을 점검하고 격려해 준다.

⑥ 전체 활동 후 자신의 계획을 발표하면서 소감을 나누고 언제나 실천할 수 있도록 서로에게 격려와 응원을 해 주도록 한다.

다음 그림은 두뇌유형별 학습계획 전략을 나타낸 것이다.

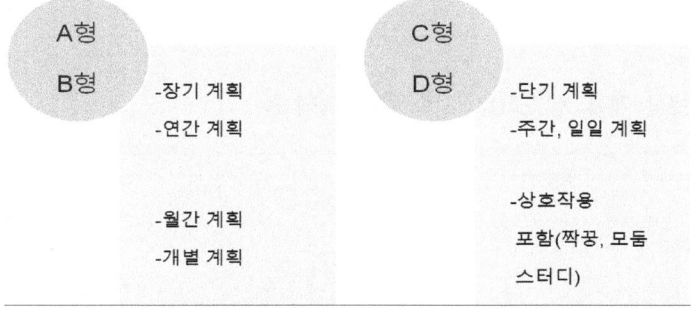

<두뇌유형별 학습계획 방법>

나만의 학습 계획을 세우자~

세부 계획 (일일 계획)

날짜	학습 계획 (과목, 교재)	학습 내용	자기 평가

* 시험후 보상 계획, 상호작용, 시험 불안 대책 등...

세부 계획 (주간 계획)

과목	주 교재	학습 분량				자기 평가
		1주	2주	3주	4주	

* 시험후 보상 계획, 상호작용, 시험 불안 대책 등...

나만의 학습 계획을 세우자~

세부 계획 (주중, 주말 계획)

구분	월	화	수	목	금	자기 평가
아침 시간						
쉬는 시간						
점심 시간						
자율 시간						
자율 시간						
주말 계획 (토)						
주말 계획 (일)						

* 시험후 보상 계획, 상호작용, 시험 불안 대책 등...

활동지 | **나만의 학습 계획을 세우자~**

세부 계획 (월간 계획)

	일	월	화	수	목	금	토
1주							
목표:							자기 평가
세부 계획:							
2주							
목표:							자기 평가
세부 계획:							
3주							
목표:							자기 평가
세부 계획:							
4주							
목표:							자기 평가
세부 계획:							

두뇌 친화적 환경을 구축하자!
- 자기주도 학습환경 만들기-

● 활동 목표

■ 두뇌친화적 환경에 대해 알 수 있다.

■ 두뇌유형별 학습 환경을 조성할 수 있다.

● 준비물

■ ppt 자료, 음악(뇌체조 음악), 활동지

● 활동 내용

① 두뇌에 좋은 음식, 수면주기, 백색소음 등 두뇌친화적 환경에 대한 내용을 이해하고 자신에게 맞는 학습환경을 만들어본다.

② 논리주도형과 사고구조형은 정렬된 책상 배열과 조용하고 독립된 환경을 선호하므로 자신의 학습환경을 조성하도록 한다.

③ 창의직관형과 감정활동형은 자유로운 책상 배열과 주변의 도움을 요청할 수 있도록 열린 환경을 선호한다. 자신만의 두뇌친화적인 학습 환경을 디자인 해 본다.

④ 짝 또는 모둠 별로 학습환경을 완성하고 서로 계획을 공유하도록 한다. 교사는 순시를 하면서 주로 창의직관형과 감정활동형 학생들의 활동을 점검하고 격려해 준다.

⑥ 전체 활동 후 자신의 학습환경을 발표하면서 소감을 나누고 언제나 실천할 수 있도록 서로에게 격려와 응원을 해 주도록 한다.

다음은 두뇌유형별 학습환경 조성 전략이다.

A형
B형
- 정렬된 책상 배열
- 조용하고 독립된 환경 조성

C형
D형
- 자유로운 책상 배열
- 주변 도움 요청

두뇌유형별 학습환경 만들기

	신체적 환경- 바른 자세, 식습관, 두뇌에 좋은 음식, 숙면(수면주기)	사회적 환경- 친구와의 관계 선생님과의관계 가족과의 관계	물리적 환경- 공부방, 책걸상, 조명,음악(백색소음), TV, 컴퓨터, 핸드폰
논리 주도 형			
사고 구조 형			
창의 직관 형			
감정 활동 형			

1. 자기주도학습을 위한 환경을 어떻게 조성하고 싶은가?

_____

_____

2. 자기주도학습 계획을 세울 때 방해하는 요소는 무엇인가?

_____

_____

_____

3. 삶(공부)의 목표를 이루기 위해서 무엇을 어떻게 하면 될까?
   지금 당장 실천할 수 있는 방법은 무엇일까?

_____

_____

_____

_____

5부
행동 실천

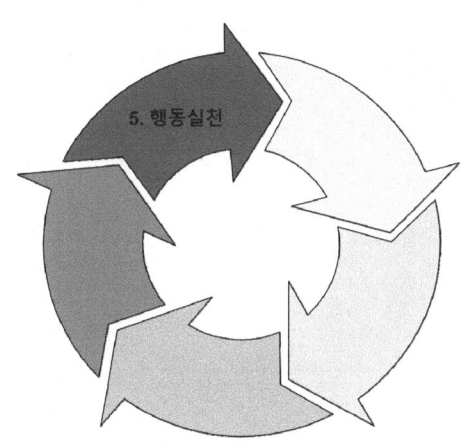

5. 행동실천

1장	**학습을 되새김 하자!** - 전략 14 : 학습 내용 복습하기 - 전략 15 : 시간 관리하기
2장	**학습 행동을 실천하자!** - 전략 16 : 학습 비전 선포하기 - 전략 17 : 자기주도학습 플래너 실천하기

행동 실천

전략 14

두뇌
유형별

학습내용 복습하기

전략 15

시간 관리하기

● **학습을 되새김하자!**

자신이 원하는 복습전략을 위한 세부적인 목표를 정하고 그 목표에 맞게 시간관리 계획을 세움으로써 구체적인 복습을 실천할 수 있다.

전략 16

두뇌
유형별

**학습 비전
선포하기**

전략 17

**자기주도학습
플래너 실천하기**

● **학습 행동을 실천하자!**

자신의 진로와 진학을 탐색하고 비전 선포문 작성을 통해 자신에게 격려하고, 다른 사람 앞에서 비전 선언을 함으로써 '할 수 있다'는 의지를 확고히 다질 수 있다.
자기주도학습 플래너 작성 및 점검을 실천하면서 자기주도학습의 습관을 형성한다.

두뇌유형별 복습전략

● 활동 목표
- 두뇌유형별 복습전략을 실천할 수 있다.

● 준비물
- ppt 자료, 활동지

● 활동 내용
다음은 두뇌유형별 복습하기 방법이다.

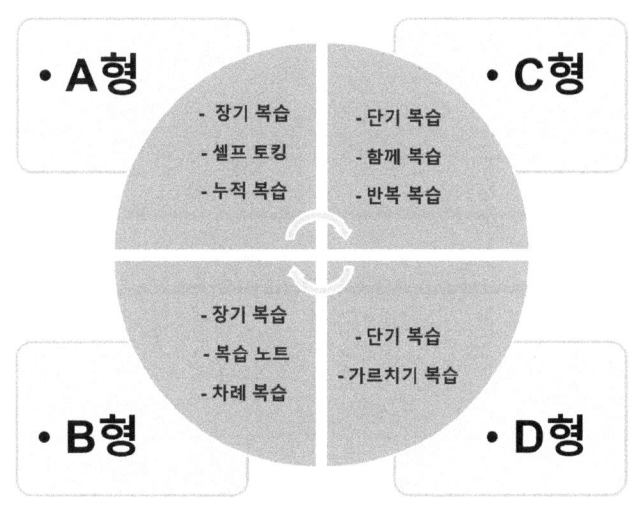

<두뇌유형별 복습하기 방법>

① 논리주도형은 장기복습, 셀프토킹, 누적복습을 한다.

② 사고구조형은 장기복습, 복습노트, 차례복습을 한다.

③ 창의직관형은 단기복습, 함께복습, 반복복습을 한다.

④ 감정활동형은 단기복습, 가르치기복습을 한다.

⑤ 논리주도형과 사고구조형은 스스로 피드백을 하며 진행하게 하고, 창의직관형과 감정활동형은 모둠끼리 서로 피드백하며 진행한다.

복습 전략 사례
- 셀프 토킹

활동 개요

복습하고자 하는 내용을 스스로 적고 말하면서 복습한다.

활동 내용

1. 복습할 내용을 적고 소리내어 읽어주세요.

복습 전략 사례
– 차례 복습

활동 개요

복습하고자 하는 내용을 차례를 나열하고 마인드맵, 써클맵, 표 등으로 그리고,
내용을 구조화하면서 복습한다.

활동 내용

1. 복습할 내용을 마인드맵, 써클맵, 표 등으로 그려보세요.

복습 전략 사례
- 함께 복습

활동 개요

친구와 함께 복습할 내용을 서로 얘기하면서 복습한다.

활동 내용

1. 복습한 내용을 적어보세요.

복습 전략 사례
– 가르치기 복습

활동 개요

복습할 내용을 친구들끼리 서로에게 가르치면서 복습한다.

활동 내용

1. 가르치면서 복습한 내용을 적어보세요.

시간 관리하기

시간은 돈이자 인생			
오늘 하루를 돌아보며 낭비하고 있는 시간은 없는지 점검해 보세요.			
시각	오늘 한 일들을 순차적으로 적어보세요	사용시간	만족도 (○△×)

가장 시간 사용을 잘한 일은?	가장 낭비한다고 생각한 시간은?

90

학습 비전 선포하기

● 내가 진학하고 싶은 대학(고등학교)과 학과를 찾고, 학습 비전 선포문을 만들어 보자.

● 비 전 선 포 문 ●

나 (_____)(_____)(_____) 는

(_____) 대학교 (_____) 과에

진학하여 나의 꿈인 (_____)를

이루기 위해 열심히 공부하겠습니다.

(_____)년 (____)월 (____)일

활동지　　　　**자기주도학습 플래너**

날짜	자기주도학습 계획(과목, 교재)	자기주도학습 내용	자기 평가 (○△×)

● 행동실천을 위한 코칭 질문

1. 학습비전을 선포한 나의 모습을 상상해보자.
   학습비전을 선포한 소감은 어떠한가?

   _____

   _____

2. 하루동안 자기주도학습을 하며 보낸 시간은 얼마인가?
   무의미하게 낭비한 시간은 얼마인가?

   _____

   _____

3. 자기주도학습을 이루기 위해서 무엇을 어떻게 하면 될까?
   지금 당장 실천할 수 있는 방법은 무엇일까?

   _____

   _____

   _____